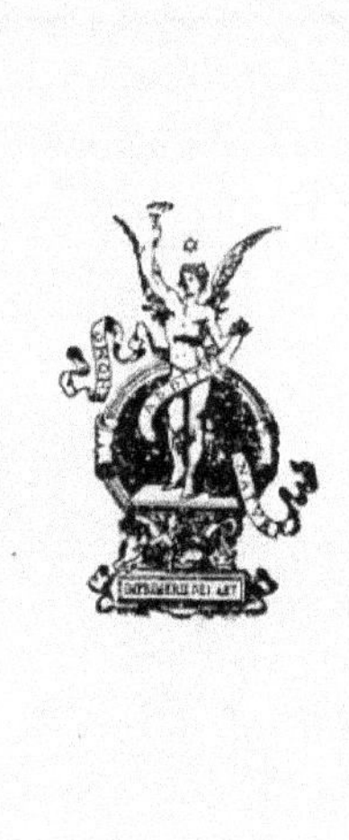
IMPRIMERIE DEL ART

# VENTE DU LUNDI 5 DÉCEMBRE 1898

## HOTEL DROUOT, SALLE N° 7

*à deux heures*

---

# ANCIENNES PORCELAINES

## DE CHINE

### OBJETS DIVERS DE L'EXTRÊME-ORIENT

---

## EXPOSITION PUBLIQUE

### LE DIMANCHE 4 DÉCEMBRE 1898

DE 1 HEURE 1/2 A 5 HEURES 1/2

---

| COMMISSAIRE-PRISEUR | EXPERTS |
|---|---|
| **Mᵉ PAUL CHEVALLIER** | **MM. MANNHEIM** |
| 10, rue Grange-Batelière, 10 | 7, rue Saint-Georges, 7 |

# CONDITIONS DE LA VENTE

Elle sera faite au comptant.

Les acquéreurs paieront *cinq pour cent* en sus des adjudications.

L'exposition mettant le public à même de se rendre compte de l'état et de la nature des objets, il ne sera admis aucune réclamation une fois l'adjudication prononcée.

Paris — Imp. de l'Art, E. Moreau et Cⁱᵉ, 41, rue de la Victoire.

# DÉSIGNATION DES OBJETS

## PORCELAINES DE CHINE

### FAMILLE VERTE

1 — Deux vases : rinceaux, fleurs et animaux. Ancienne porcelaine de Chine, famille verte. Couvercles en bois.

2 — Assiette : branches fleuries. Ancienne porcelaine de Chine, famille verte.

3 — Plat : arbuste et oiseaux ; bordures carrelées à cinq médaillons. Ancienne porcelaine de Chine, famille verte.

4 — Deux plats creux : fleurs de nélumbos et de lotus. Ancienne porcelaine de Chine, famille verte. L'un d'eux au nien-hao de Khang-hi.

5 — Plat creux : paysage et inscriptions. Ancienne porcelaine de Chine, famille verte.

6 — Plat creux : pagode apparaissant au-dessus des flammes sortant de la gueule d'un dragon. Ancienne porcelaine de Chine, famille verte.

7 — Plat creux : rochers, branches fleuries et oiseaux. Ancienne porcelaine de Chine, famille verte.

8 — Deux plats creux : scènes familiales. Ancienne porcelaine de Chine, famille verte. Nien-hao de Wan-li.

9 — Deux petits plats creux : ustensiles divers. Ancienne porcelaine de Chine, famille verte.

10 — Jardinière ronde : personnages. Ancienne porcelaine de Chine, famille verte.

11 — Coupe : sujet familial. Ancienne porcelaine de Chine, famille verte.

12 à 14 — Trois bols variés : fleurs et ustensiles. Ancienne porcelaine de Chine, famille verte.

15 — Deux bols : entrelacs et papillons. Ancienne porcelaine de Chine, famille verte.

16 — Bol : scènes familiales. Ancienne porcelaine de Chine, famille verte.

17 — Bol : animaux, sur fond craquelé. Ancienne porcelaine de Chine, famille verte.

18 — Bol, à bords festonnés : dragons. Ancienne porcelaine de Chine, famille verte.

19 — Coupe : poissons et branches fleuries. Ancienne porcelaine de Chine, famille verte.

20 — Pitong : sujet familial. Ancienne porcelaine de Chine, famille verte.

21 — Pitong cylindrique : paysages. Ancienne porcelaine de Chine, famille verte. Pied en bois.

22 — Paire de potiches avec couvercles : chevaux et rochers, sur fond vert chargé de fleurs. Ancienne porcelaine de Chine, famille verte.

23 — Plat creux : fleur de nélumbo, bordure quadrillée, à six réserves. Ancienne porcelaine de Chine, famille verte.

24 — Plat creux : guerriers. Ancienne porcelaine de Chine, famille verte.

25 — Deux bols : dragons et oiseaux. Ancienne porcelaine de Chine, famille verte ; dragon en rouge de fer à l'intérieur.

26 — Deux pitongs cylindriques en ancienne porcelaine de Chine, famille verte : personnages.

# PORCELAINES DE CHINE

## FAMILLE ROSE

27 — Paire de vases cylindriques, à décor de guerriers auprès d'une habitation. Ancienne porcelaine de Chine, famille rose. Époque Kien-lung.

28 — Vase, à décor de combats. Ancienne porcelaine de Chine, famille rose. Époque Kien-lung.

29 — Vase de forme cylindrique, réserves de fleurs sur fond marbré. Ancienne porcelaine de Chine. Époque Kien-lung.

30 — Vase à panse cylindrique, décor de branches fleuries sur fond jaune gravé. Ancienne porcelaine de Chine. Époque Kien-lung.

31 — Vase décoré de scènes familiales. Ancienne porcelaine de Chine, famille rose.

32 — Deux plats creux variés : combats. Ancienne porcelaine de Chine, famille rose. Époque Kien-lung.

33 — Plat rond : personnages dans la campagne. Ancienne porcelaine de Chine, famille rose. Époque Kien-lung.

34 — Deux bols : fleurs. Ancienne porcelaine de Chine, famille rose. Époque Kien-lung.

35 — Coupe à décor simulant des chauve-souris, émaillées rouge-corail, sur fond bleu-clair. Ancienne porcelaine de Chine. Époque Kien-lung.

36 — Coupe analogue à la précédente.

37 — Deux bols analogues à la coupe précédente.

38 — Coupe, émaillée rouge-corail, caractères d'écriture dorés. Porcelaine de Chine, famille rose.

39 — Deux théières avec couvercles : rinceaux sur fond bleu. Ancienne porcelaine de Chine, famille rose. Époque Kien-lung.

40 — Vase-lancelle : personnages et cavaliers. Ancienne porcelaine de Chine, famille rose.

41 — Vase-lancelle : cavaliers et divinités. Ancienne porcelaine de Chine, famille rose.

42 — Vase-lancelle : sujet tiré de roman. Ancienne porcelaine de Chine, famille rose.

43 — Vase, à sujet de bataille. Ancienne porcelaine de Chine, famille rose.

44 — Pot ovoïde avec couvercle, fruits et fleurs sur fond bleu. Ancienne porcelaine de Chine, famille rose.

45 — Pot ovoïde avec couvercle : branches fleuries. Ancienne porcelaine de Chine, famille rose.

46 — Statuette de divinité sur un lotus porté par deux enfants. Ancienne porcelaine de Chine, famille rose.

47 — Petit vase, décor de fleurs sur fond rouge-corail. Ancienne porcelaine de Chine, famille rose.

48 — Petit vase : fleurs sur fond rouge-corail, bords dorés. Ancienne porcelaine de Chine, famille rose. Pied en bois.

49 — Deux petits vases : fleurs sur fonds vert et rose. Ancienne porcelaine de Chine, famille rose.

50 — Petite potiche : décor de rochers et fleurs. Ancienne porcelaine de Chine, famille rose.

51 — Bassin, décor de paysage ; fleurs au marli. Ancienne porcelaine de Chine, famille rose.

52 — Petite bouteille : paysage, et dragon au col. Ancienne porcelaine de Chine, famille rose.

53 — Deux cantines cylindriques à compartiments superposés : personnages. Ancienne porcelaine de Chine, famille rose.

54 — Plat creux, orné de deux divinités apparaissant sur la mer. Ancienne porcelaine de Chine, famille rose.

55 — Deux assiettes variées : fleurs et lambrequins. Ancienne porcelaine de Chine, famille rose.

56 — Environ cinquante assiettes : fleurs. Ancienne porcelaine de Chine, famille rose.

57 — Base d'ornement bouddhique. Ancienne porcelaine de Chine, famille rose.

## PORCELAINES DE CHINE DIVERSES

58 — Grand vase cylindrique en ancienne porcelaine de Chine, décoré de jeux d'enfants en couleurs, sur fond jaune.

59 — Paire de vases à couverte brun-craquelé en porcelaine de Chine.

60 — Brûle-parfum rond en ancienne porcelaine de Chine, à deux petites anses ; pied et couvercle en bois sculpté.

61 — Bouteille en ancien céladon gris-verdâtre de la Chine, ornée d'un dragon en ronde bosse sur le col.

62 — Jardinière ronde, à décor de dragons et chauve-souris en vert et brun sur fond jaune. Ancienne porcelaine de Chine.

63 — Vase-lancelle, décor doré de paysages et inscriptions sur fond noir. Chine.

64 — Vase-rouleau, décor doré, paysages et inscriptions sur fond noir. Chine.

65 — Vase-balustre quadrilatéral, à décor de rinceaux fleuris en rouge de cuivre ; anses têtes d'animaux. Ancienne porcelaine de Chine.

66 — Vase à décor doré, sur fond bleu ; anses mufles de lions réservées en biscuit brun. Ancienne porcelaine de Chine.

67 — Cornet en ancienne porcelaine de Chine, à couverte flambée rouge violacé.

68 — Vase quadrilatéral, à pans coupés, en ancienne porcelaine flambée de la Chine ; couverte marbrée et craquelée.

69 — Vase quadrilatéral, à couverte marbrée; anses mufles de lions. Chine.

70 — Vase décoré de rinceaux fleuris, sur fond rougeâtre craquelé, en porcelaine moderne de la Chine.

71 — Vase à panse ovoïde et goulot étroit, à couverte verdâtre. Chine.

72 — Vase, à anses têtes de chiens, émaillé gros bleu. Chine.

73 — Potiche avec couvercle, émaillée jaune. Chine.

74 — Gourde à panse aplatie en ancien céladon gris. Chine.

75 — Bouteille en ancien céladon turquoise de la Chine.

76 — Bouteille, céladon turquoise truité de la Chine.

77 — Pot ovoïde en céladon turquoise truité de la Chine, décoré de dragons, sous couverte.

78 — Bouteille, à décor de chiens de Fô, en couleurs, sur fond jaune impérial. Ancienne porcelaine de Chine.

79 — Boîte lenticulaire, décor bleu : oiseaux. Ancienne porcelaine de Chine.

80 — Paire de porte-fleurs, en forme de chiens de Fô. Porcelaine émaillée vert et jaune sur biscuit. Chine.

81 — Paire de chimères, analogues aux précédentes.

82 — Deux récipients à eau, simulant un rocher et des habitations. Porcelaine émaillée sur biscuit. Chine.

83 — Service de dix-neuf petits plateaux émaillés sur biscuit, décor de chevaux. Chine.

84 — Petit vase flambé vert. Chine.

85 — Deux jardinières cylindriques : dragons, sur fond jaune impérial. Ancienne porcelaine de Chine.

86 — Deux coupes libatoires, ornées de chauve-souris, émaillées rouge-corail. Chine.

87 — Deux petits plats creux : dragons en blanc, sur fond rouge-corail. Chine.

88 — Petit vase, à couverte dite arc-en-ciel. Chine.

89 — Vase : paysage en bleu et rouge de cuivre. Ancienne porcelaine de Chine. Marque à la feuille.

90 — Vase-balustre plat, à couverte flambée rouge. Ancienne porcelaine de Chine.

91 — Gourde, décor de rosaces en bleu, sur fond jaune. Ancienne porcelaine de Chine.

92 — Vase-rouleau, décor doré sur fond noir. Ancienne porlaine de Chine.

93 — Vase-lancelle en ancien céladon vert d'eau, gaufré sous couverte à fleurs. Chine.

94 — Vase, décor bleu et rouge de cuivre : fleurs ; lambrequin au col. Ancienne porcelaine de Chine.

95 — Vase quadrilatéral à col évasé, décor en bleu et rouge de cuivre : personnages, arbustes et fleurs. Ancienne porcelaine de Chine.

96 — Vase-lancelle, décor doré : paysages et inscriptions sur fond gros bleu. Ancienne porcelaine de Chine.

97 — Potiche avec couvercle, décor de lambrequins en rouge de fer. Ancienne porcelaine de Chine.

98 — Brûle-parfum oblong simulant l'émail cloisonné. Ancienne porcelaine de Chine. Socle et couvercle en bois avec bouton de jade.

99 — Deux vases-rouleaux, décor varié en dorure, sur fond bleu soufflé. Ancienne porcelaine de Chine.

100 — Vase à panse ovoïde, décor bleu : vases et ustensiles divers. Ancienne porcelaine de Chine.

101 — Vase-lancelle, décor bleu : compartiments à personnages. Ancienne porcelaine de Chine.

102 — Boîte longue avec couvercle, décor bleu : rinceaux et dragons. Ancienne porcelaine de Chine. Époque des Ming.

103 — Petite bouteille à panse à facettes, décor de rinceaux en bleu sur fond craquelé. Ancienne porcelaine de Chine.

104 — Bouteille, décor bleu : paysage animé. Ancienne porcelaine de Chine.

105 — Deux pots ovoïdes, décor bleu, réserves d'ustensiles et fleurs sur fond caillouté. Ancienne porcelaine de Chine. Couvercles en bois et jade.

106 — Deux pots ovoïdes, décor bleu : paysage et petit lambrequin. Ancienne porcelaine de Chine.

107 — Pot ovoïde avec couvercle, décor bleu : réserves d'ustensiles, sur fond bleu caillouté orné de fleurs. Ancienne porcelaine de Chine.

108 — Pot ovoïde avec couvercle : paysage animé, décor bleu. Ancienne porcelaine de Chine.

109 — Pot ovoïde : rinceaux fleuris en rouge de fer. Ancienne porcelaine de Chine.

110 — Pot ovoïde avec couvercle, décor doré sur fond gros bleu. Ancienne porcelaine de Chine.

111 — Pot ovoïde avec couvercle, décor bleu : réserves d'animaux et fleurs sur fond caillouté. Ancienne porcelaine de Chine.

112 — Cantine, de forme cylindrique, à compartiments superposés, bordures en vert sur fond jaune. Ancienne porcelaine de Chine.

113 — Pot ovoïde, émaillé jaune. Chine.

114 — Vase émaillé sur biscuit : personnages sur fond gros bleu. Ancienne porcelaine de Chine.

115 — Service de sept plateaux émaillés sur biscuit : fleurs. Ancienne porcelaine de Chine.

116 — Petit vase à panse obconique, décor bleu, avec zone réservée en biscuit brun. Ancienne porcelaine de Chine. Pied en bois incrusté.

117 — Jardinière en ancien céladon turquoise de la Chine ; anses têtes d'animaux. Pied en bois.

118 — Paire de bols avec couvercles : personnages dans les flots. Ancienne porcelaine de Chine. Époque Kien-lung.

119 — Bol, décor bleu : paysage animé. Ancienne porcelaine de Chine.

120 — Deux petits bols avec couvercles : oiseaux sur les flots. Chine.

121 — Théière avec couvercle, décor doré et en rouge de fer. Chine.

122 — Deux petits vases variés en ancien céladon turquoise. Chine.

123 — Deux pièces : petit vase en ancien céladon turquoise et bouteille en ancien céladon vert d'eau. Chine.

124 — Deux coupes libatoires variées, émaillées violet-aubergine. Ancienne porcelaine de Chine. L'une avec pied en bois.

125 — Quatre petites coupes en vieux blanc de Chine.

126 — Panse de vase, décor de personnages et divinités en rouge de fer, or et encre de Chine. Ancienne porcelaine de Chine.

127 — Plat creux, gravé sous couverte jaune-impérial. Nien-hao de Yong-Tching. Ancienne porcelaine de Chine.

128 — Plat creux, à décor bleu : grosses fleurs. Ancienne porcelaine de Chine.

129 — Plat creux : dragon impérial dans les flammes. Ancienne porcelaine de Chine. Cachet de Kien-lung.

130 — Deux plats creux : rinceaux en bleu et médaillon en rouge de fer, avec caractères d'écriture. Époque de Kien-lung. Ancienne porcelaine de Chine.

131 — Cinq petits plateaux, émaillés sur biscuit. Ancienne porcelaine de Chine.

## CÉRAMIQUE VARIÉE

132 — Trois statuettes de divinités, debout, en terre vernissée. Chine.

133 — Brûle-parfum, avec couvercle, en boccaro.

134 — Théière en boccaro.

135 — Aiguière en porcelaine, à décor de petits personnages et fleurs.

136 — Plateau rond: fleurs. Japon.

137 — Plat rond: vase de fleurs: marli orné de fleurs, sur fond bleu. Japon.

# OBJETS DIVERS

138 — Petite coupe en jade vert, sur pied en bois incrusté. Chine.

139 — Petite coupe libatoire en jade gris. Pied en bois. Chine.

140 — Très petit cachet en jade vert-émeraude. Chine.

141 — Oiseau en cristal de roche améthyste. Pied en bois. Chine.

142 — Encrier en cristal de roche. Pied en bois sculpté. Chine.

143 — Deux flacons-tabatières en agate. Chine.

144 — Trois flacons-tabatières en verre. Chine.

145 — Flacon-tabatière en fer incrusté. Chine.

146 — Amulette, ambre. Chine.

147 — Six petites tasses avec soucoupes. Émail de Canton.

148 — Paire de jardinières en cuivre gravé, ornées de plaques de matières dures. Pieds en bois sculpté. Chine.

149 — Coupe, émail cloisonné de la Chine, fond bleu ; bordure blanche.

150 — Paire de brûle-parfums, avec couvercles, en émail cloisonné moderne de la Chine ; fond bleu.

151 — Trois pièces, bronze laqué or : brûle-parfum et boîte, avec couvercles, et petit vase cylindrique. Chine.

152 — Cinq flacons-tabatières en verre. Chine.

153 — Boîte en forme d'écran en laque d'or du Japon : oiseaux.

154 — Boîte en laque du Japon en forme de guitare.

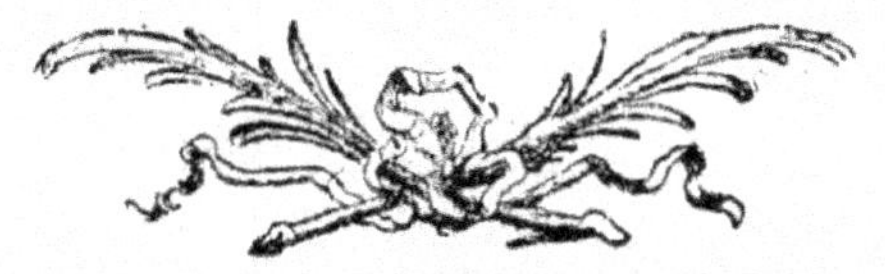

RED. :

16

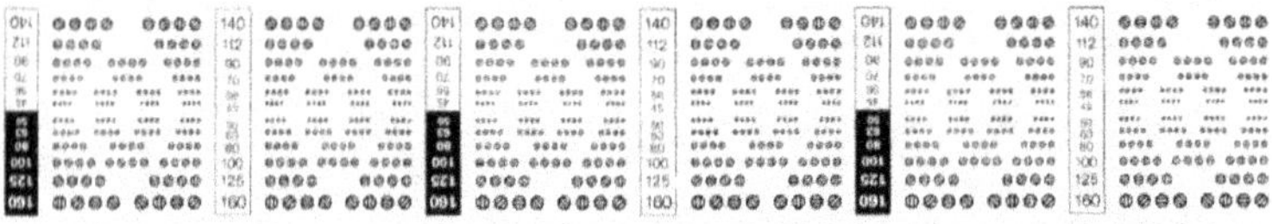

# BIBLIOTHEQUE NATIONALE DE FRANCE

****

# CHATEAU DE SABLE

1996